„Der Hund begab sich in ärztliche Behandlung"

Stilblüten
aus dem Versicherungsalltag –
in originalgetreuer Wiedergabe

Zusammengestellt von
Bernd und Uta Ellermann

VVW Karlsruhe

CIP-Titelaufnahme der Deutschen Bibliothek

Der **Hund begab sich in ärztliche Behandlung** : Stilblüten aus dem Versicherungsalltag, in originalgetreuer Wiedergabe / zsgest. von Bernd u. Uta Ellermann. – Karlsruhe : VVW, 1990

ISBN 3-88487-228-1

NE: Ellermann, Bernd [Hrsg.]

Verlag Versicherungswirtschaft e.V. Karlsruhe 1990
Repros Dr. Kuhn GmbH 7500 Karlsruhe 31
Druck Karl Elser Druck GmbH 7230 Mühlacker

ISBN 3-88487-228-1

Vorwort

„Beim Trabi entstand kein Blechschaden“, „Der Gehgips am Arm wurde entfernt“, „Ohne eine Silbe zu sagen, biß der Hund zu“ – sprachliche und gedankliche Kurzschlüsse dieser Art machen Schadenmeldungen plastischer und lassen beim Leser (Schaden-)Freude aufkommen. Bernd Ellermann, unseren Lesern wohlbekannt mit seinen beiden vorausgegangenen Schmunzelbüchern, liefert hier erneut Kostproben unfreiwilliger Komik ab: Stilblüten, wie sie der Versicherungsalltag schrieb – diesmal in originalgetreuer Wiedergabe.

Fragen an den Versicherungsnehmer

Genaue Unfallschilderung mit Skizze

Ich knickte in meiner
Wohnung mit dem linken Fuß
um. Der Boden war eben,
nicht glatt, deshalb auch
nicht gestreut.

Antworten des Versicherungsnehmers:

Schaden durch:

- [ ] Feuer
- [ ] Betriebsunterbrechung
- [ ] Leitungswasser
- [x] Einbruch in Kfz

Mein Auto war auf-
gebrochen. Das Radio
war ausgebaut, lag
aber demoliert auf dem
Fahrersitz. Ich nehme
an, daß das Radio
für den Dieb wertlos
war, weil es kot-
geschützt ist.

Kleiner Glasschaden

Bei Famili
versicheru
ankreuzen

SCHAD 30

P 7

Schaden-Nr.

005

3 [redacted]

Schad
Unter
105

4

Schaden-Eintritt

Tag 109 Mon. 110 Jahr 111

6

Nicht vom Versicherungsnehmer oder Vertreter auszufüllen ▶

Sonder
schlüs
129

7

Schadenort - Ort, Straße, Hausnummer -

[redacted]

Beschädigte Scheiben

Stückzahl	Verwendungsart
1	Fenster

Schilderung des Schadenhergangs

Habe im Streit mit meiner Frau
den vollen Aschenbecher nach
ihr geworfen und gottseidank
~~nur das Fenster getroffen.~~
Meine Frau hat (trotzdem) die Scheidung
eingereicht.

Eine weitere Hausrat-Glasversicherung besteht bei - Gesellschaft -

keine

EINGEGANGEN
7. OKT.
Erl........

Unfall-Anzeige

Unfallschilderung

Wie hat sich der Unfall ereignet und worauf ist er zurückzuführen?
(Eingehende Beschreibung des Unfallvorganges ggf. mit Unfallskizze, evtl. auf gesondertem Blatt)

Beim Versuch eine Eisenstange zu begradigen schlug diese zurück!

Zur Beachtung! Sie sind im Rahmen Ihrer Aufklärungspflicht nach § 5 Ziff. 3 AHB uns gegenüber verpflichtet, über die gestellten Fragen hinaus alle Angaben zu machen, die zur Klärung und Beurteilung des Schadenereignisses dienlich sein können.

3.1 **Der Schaden ereignete sich am:** 22.01. 19 88, (0–24 Uhr) 17.00 Uhr

3.2 wo: EM-Maleck, [redacted] 17
(genaue Ortsbezeichnung, gegebenenfalls auch Straße)

3.3 Ausführliche Schilderung des Schadenherganges (ggf. zur Verdeutlichung des Tatbestandes Skizze beifügen):

Die Hündin der Familie [redacted] war läufig. Vermutlich aus diesem Grunde wollte sie unseren Hund Felix (Rüde) besuchen. Sie war jedoch nicht da, da Frau [redacted] mit ihr ausgegangen war. Als Ersatz bestieg unser Hund den vor dem Hause abgestellten PKW/Sportwagen Triumph Typ Spitfire des Herrn [redacted].

b.w. ▶

FRAGEBOGEN

Wie lauten die bei Behandlungsbeginn erhobenen Befunde?

Meine Diagnose lautet glasklar
alkoholtoxische Lebercirrhose

Welche Behandlungen wurden im einzelnen durchgeführt ?

Es gibt keine Behandlung dafür
außer Weglassen jedes Tropfens.

Welche Maßnahmen sind beabsichtigt bzw. angeraten?

Eintritt in die Organisation der
" Anonymen Alkoholiker".

Besonderheiten bzw. sonstige Krankheiten?

Nein, dies genügt.

Dr. med. G. [redacted]
[redacted] / Ufw.
[redacted] 86
Tel. [redacted]

Datum Stempel und Unterschrift des Arztes

Ihr Erstattungsantrag

Sehr geehrter Kunde,

eine Bearbeitung der beigefügten Belege ist nur möglich, wenn nachstehend genannte Voraussetzungen erfüllt sind.

Wir bitten daher um

Vorlage

- ☐ des Beiblattes der Arztrechnung
- ☐ der ärztlichen Verordnung für Heil-/Hilfsmittel
- ☒ der Originalrechnung (möglichst mit dem nächsten Erstattungsantrag) anstatt der Zweitausfertigung oder Begründung, warum Original nicht vorgelegt werden kann

Urschriftlich zurück:

Jetzt haben Sie mich doch erwischt und ich dachte, es hätte niemand bemerkt.

Ehrlich gesagt, ich habe das Original wirklich noch nicht vorgelegt und auch ein Geld haben Sie mir nicht geschickt.

Aber als ich das Schildkrötenfutter vom Küchenschrank holen wollte, fiel das Rotweinglas um und – schwupps – war die untere Hälfte unleserlich. Da wo der Betrag steht.

Und als dann noch der Wellensittich von Tante Frieda, die seit drei Wochen von der Hallig bei uns zu Besuch ist, die Rechnung rundum anpickte, war bei uns die Sau los.

Ihr überweist mir die DM 41,40 doch trotzdem, gell?

Herzlichst Ihr [redacted]

18. März 1971

[redacted]

Allgemein

Haftpflicht-Schadenanzeige

Ausführliche Schilderung des Schadenherganges:

Im Unterhaus meines Hauseigentümers zerbrochen in der Verbindungstür 3 Scheiben durch Zugluft, die ich selbst verursacht habe.

Ereignete sich der Schadenfall bei Erfüllung eines von ihnen übernommenen Auftrages oder sonstigen Vertrages?	/
Worin bestand die auszuführende Leistung?	/
Welcher Berufsgenossenschaft gehören Sie an? (Bitte genau angeben)	/
a) Mit welcher Begründung wird Ihnen, einem Ihrer Familien- oder Betriebsangehörigen ein Verschulden beigemessen?	/
b) Gegen wen richtet sich die Beschuldigung?	Name: / Anschrift: /

24.02.88

Sehr geehrte Damen und Herren!

ich wäre Ihnen dankbar, wenn Sie mir sagen würden, wieviel mehr ich zahlen würde (Beitrag monatlich), wenn meine Frau (Ärztin) von meiner Krankenversicherung gedeckt werd und wenn später noch ein Kind dazu kommen sollte.

Mit freundlichen Grüßen

(B. MUNRO)
7761761-531

Unfallanzeige

Krankenhaus, in das der Verletzte aufgenommen wurde:

Unfallstelle (bei Wegeunfällen genaue Ortsangabe):

Unfallhergang: ⑪

Der Unfall hatte einen klassischen Verlauf:
zuerst fiel der Blitzableiter herunter und dann der Handwerker.

Sehr geärtes Firma!

Ich nicht wuste das
ich so fiel Geld bekome.
Ich habe neuer Mann
und zufriden. Möchte
das mein Mann auch
Versicherung machen kann.
Schicken Sie mir neue
Pohlise und auch das
Ohrigenal.

HochachtungsVoll
G. [redacted]

WV:

FRAGEBOGEN

Welche Behandlungen wurden im einzelnen durchgeführt und wie war der Krankheitsverlauf?

Was geht Sie das an?

Wie lauten die zuletzt (wann) erhobenen Befunde? Welche Behandlungen werden derzeit im einzelnen durchgeführt ? Welche Maßnahmen sind beabsichtigt bzw. angeraten?

Soll ich Ihnen erzählen wie oft ich aufs Klo gehe? Und wie ist es mit Ihrem Stuhlgang?

Besonderheiten bzw. sonstige Krankheiten?

hier ist mein Kropf!

Hoffentlich gefällt er Ihnen!

S 81 76

Ich beantrage die Wiederbelebung meiner Ehefrau Magda, sowie Tochter Renate und Sohn Egon ab 1. 6. 1947.

Hannover, den [illegible]1. Mai 1947

[signature]
....
Unterschrift

Wiederbelebung Ehefrau und Kinder Renate und Egon
ab 1.6.47 Prämien 18.50

Zug 14.50

[illegible]

Schadenmeldung Feuer

Schadenort – Straße, Hausnummer, Ort –

[redacted]

Schilderung des Schadenhergangs – Auch Vermutungen und Hinweise a

Nach den polizeilichen Ermittlungen kam es in einem Separée des Nacht-lokals infolge Außer-achtlassung der im Verkehr erforderlichen Sorgfalt zu einem Brand.

Fragen an die zu versichernde Person

1. Hat jemals ein Krankenhausaufenthalt stattgefunden? Ja

2. Art der Krankheiten, Unfälle, Beschwerden?
Entbindung

3. Bestehen Folgeerscheinungen? Ja

4. Welche?
ein Kind

Ergänzende Angaben zum Schadenhergang

1) Schülerin (ich) schleicht sich heimtückisch von hinten an!

2.) Und dann habe ich den Lehrer mit einem heftigen, sadistischen Stoß samt Kleidung und Uhr ins Wasser gestoßen

3.) Lehrer versinkt kurz samt Uhr im Wasser. Zu diesem Zeitpunkt strömt das Wasser ins Uhrwerk!

Skrupellose Schüler, in schallendes Gelächter ausbrechend

4.) Fluchend davonschlurfender Lehrer

Brand-Schadenanzeige

Fragen an den Versicherungsnehmer

1.a) Wann ist der Schaden entstanden? 10.6.87

b) Wann und von wem wurde er entdeckt? von mir

c) Wann wurde er dem Vertreter der Gesellschaft gemeldet?

d) Welcher Polizeibehörde und wann wurde er gemeldet?
(Diese Anzeige muß gemäß den Bedingungen erstattet werden.)

e) Sind polizeiliche Ermittlungen angestellt worden, und welches Resultat haben sie ergeben?

Da meine Tochter und ich im Hause anwesend waren, handelt es sich um eine starke Geruchsbelästigung im ganzen Haus.

Datenerfassung erl.
Dat. 19.6.87 Hd-Z.

ZA

2900 Oldenburg i.O.

W[redacted]ische
E[illegible]
1 8. OKT. 1934
Bez. Dir. Bremen

Bei Beantwortung und Zahlung stets angeben:
de Ha[redacted] / Kag[redacted]

[redacted]
Eing[illegible]
1 7 OKT. 1954
Bez. Dir. Oldenburg

Betr.: Schadennummer B 1[redacted]
bö - ha, de [redacted] / K[redacted]

Sehr verehrte Damen, sehr geehrte Herren,

in obiger Sache erlauben wir uns auf folgendes hinzuweisen:

Es ist nicht richtig, daß Ihr Versicherungsnehmer die Deutsche Sprache nur unvollständig beherrscht.

Ihr Versicherungsnehmer hat nach dem Unfall, als er ausstieg, als erstes gesagt:

> " Dir habe ich gezeigt, daß ein Mercedes nicht immer Vorfahrt hat ".

Daraus ergibt sich, daß Ihr VN nicht nur deutsch spricht, sondern auch offensichtlich deutsch denkt.

Hochachtungsvoll

Rechtsanwalt

Bürozeit: 8.00-13.00 Uhr [redacted] Uhr · Sprechstunden nach Vereinbarung
Bankkonten: Bank für Gemeinwirtschaft Emden, Kon[redacted] (BLZ 284 101 11) · Deutsche Ban[redacted]62/140 27 (BLZ 284 700
Oldenburgische Landesbank Emden, Konto-[redacted] (BLZ 284 200 07) · Vo[redacted]ken, Konto-Nr. 1005[redacted] (BLZ 284 900 73)

DR. HEINRICH [redacted]

RECHTSANWALT

Eingegangen
4. AUG. 1982
MÜNCHEN-Land

Kurznachricht

Betreff:
Unfall Dr. Wolfgang [redacted]
c-75-127-80-50019

Zeuge
Name und Adresse
Jakob [redacted]
Gärtnerstr. 27
53[redacted]ch

z. Z. verstorben

Mit vorzüglicher Hochachtung

Rechtsanwalt

TIERARZT HANS-WALTER [redacted]

8204 [redacted]/Obb.

Klein- und Großtierpraxis

Röntgen

Sprechzeiten für kleine Haustiere

tägl. ab 19 Uhr

und nach Vereinbarung

Fragen bei Sachschaden

Was wurde beschädigt
(genaue Beschreibung m. Wertangabe)

ein Widiogaräd und
Vernseh aparat

Von wem und welche Ansprüche wurden an Sie gestellt?

Herr [redacted] möchte
Sein Gerät soo züruck wie

Ich es bekommen
habe.

GD
12. NOV. 1981
St
7. XI. 81

Sehr geehrte Versicherung!

Das Amtsgericht Charlotten-
burg hat mich zur Ab-
leistung der eidesstatt-
lichen Versicherung geladen.
Sie kennen sich in Ver-
sicherungsfragen besser aus
als ich. Können Sie das
für mich erledigen?

Hochachtungsvoll!

P. [redacted]

Gesundheitserklärungen
Krankheiten, Gebrechen, Unfälle

Ich wurde vor einiger Zeit
vom Fahrrad geschleudert und
prallte mit dem Gesäß auf
dem Asphalt. Seitdem habe
ich starke Kopfschmerzen.

Schadenmeldung Kraftfahrt

☒ Haftpflicht ☐ Kasko

Schaden-Nr. (In allen Zuschriften bitte angeben!)	Versicherungs-Schein-Nr.
	1385 89554-8

Schadenhergang *(auch bei Diebstahl ausfüllen)*

Bitte schildern Sie den Hergang des Unfalls ausführlich. Verweisen Sie nic führungen auf einem gesonderten Blatt.

An der Kreuzung Forbach-
Straße stieß ich am 2.4.
mit einem Trabbi zusammen.
Da er aus Presspappe
ist, entstand kein Blech-
schaden.

Von welcher Polizeidienststelle wurde der Unfall aufgenommen . . . . . .

Wurde einer der Unfallbeteiligten gebührenpflichtig verwarnt . . . .

Welche Personen sind Zeugen des Unfalls –
auch Insassen und Verwandte . . . .

Wer ist nach Ihrer Meinung für den Unfall verantwortlich . . . .

KURZBRIEF

Mit der Bitte um:

x Kenntnisnahme	x Erledigung	Rückgabe
Rücksprache	Anruf	Genehmigung
Entscheidung	Stellungnahme	Prüfung

Bearbeiter | Telefon | Datum 17.7.1986

Um von der Regierung von Schwaben eine Genehmigung für den Gelegenheitsverkehr zu erhalten, muß eine Unbedenklichkeitsbescheinigung seitens der Krankenkasse vorliegen. Ich bitte Sie mir eine solche Bescheinigung baldmöglichst zuzuschicken.

AOK

Eingang

(bitte Nachweis beifügen)

3.1 Schadendatum: 26-08-1986 Uhrzeit: 19³⁰ Uhr

3.2 Schadenort: Ottobeuren, Hotel Hirsch
(genaue Ortsbezeichnung, gegebenenfalls auch Straße)

3.3 Ausführliche Schilderung des Schadenherganges (ggf. zur Verdeutlichung des Tatbestandes Skizze beifügen):

Der Hotelzimmerschlüssel meines Seminarkollegen, der sich gerade in meinem Hotelzimmer aufhielt und vorher meine Toilette aufsuchte, lag auf meinem Handtuch auf dem Wasserkasten der Toilettenspülung.
Als ich zu einem späteren Zeitpunkt die Toilette aufsuchte, nahm ich diesen Schlüssel nicht wahr.
Beim Herunternehmen des Handtuchs fiel der Schlüssel in die Toilettenschüssel. Da zu diesem Zeitpunkt der Spülvorgang noch nicht beendet war, verschwand der Schlüssel in der Schüssel auf nimmerwiedersehen.

Ich bitte mir den Betrag von DM 40,--, den ich dafür erbringen mußte zu ersetzen. Anbei die Originalrechnung

(Falls Platz nicht ausreicht, Fortsetzung letzte Seite unter Ziffer 8 Bemerkungen)

Diplom-Volkswirt

DR. JUR. LU [redacted]

DR. JUR. PET [redacted]

Rechtsanwälte

16.7.1986 PL/Wg

Aktenzeichen: bt-hf 86-185 7o -o151o

In der Zwischenzeit wurde der Gehgips am rechte
Arm entfernt. Die Gesundung schreitet
voran. Sie ist jedoch noch nicht abgeschlossen.

Hochachtungsvoll

Rechtsanwalt

Erläuterungen zur Unfallanzeige

(Genaue Beschreibung des Herganges)

In einer Rechtskurve kam der PKW von der Fahrbahn ab, prallte gegen einen Lichtmasten und wurde schwerverletzt und mußte ins Krankenhaus eingeliefert werden.

Eingegangen am 8.4.62

Erledigt am. f.

weitergeleitet an III/IA

III. Einbruchdiebstahlschaden:

1. Wie ist der Täter in die Versicherungsräume gelangt und welche Einbruchsmerkmale sind sichtbar an Fenstern, Türen, Schlössern, Wänden Decken etc.?

Seitdem mein Mann 1980 verstorben ist, werden Stall und Scheune von mir nicht mehr genutzt.

Leo	Hg	Do	Rd	Rei
	W			

Schadenbüro

. Nr.
suber

089 / [redacted]

Brand-Schadenanzeige

Mit der Beantwortung nachstehender Fragen wird eine bedingun
erfüllt.

**Beschädigte Sachen sind aufzuheben, bis die Ges
Beseitigung zugestimmt hat.**

Fragen an den Versicherungsnehmer

Auf welche Weise ist der Brand entstanden?

Während der Vorbereitung eines Beischlafes geriet wie von Zauberhand die Bettdecke in die ca. 1½ m neben dem Bett stehende Kerze.

Wurden Maßnahmen zur Minderung
des Schadens unternommen? . . . .

Die „Vorbereitungen" zum Beischlaf wurden sofort unterbrochen.

Wurde bereits mit der Wiederherstellung begonnen? . . . .

Ist das Gebäude noch anderweitig gegen Feuer versichert? .
(Gesellschaft, Versicherungsnummer, Versicherungssumme)

Sind Teppichböden beschädigt? . . . .

Wie und auf welchem Untergrund ist der Teppichboden
verlegt? (z. B. Estrich, Holzdielen, Parkett usw.) . . . . .

...f wessen Kosten sind die Teppichböden verlegt? . . . . .

...chäden zu beantworten:

...bäude bzw. Gebäudeteile sind total vernichtet? .

...r beschädigt und in welchem Umfang? . . .

...gsarbeiten sind auf Grund des

6 Gesundheitsangaben **Bitte Zutreffendes ankreuzen. B**

6.1 Bestehen Beschwerden, Krankheiten, Unfallfolgen oder Gebre
Berufsleiden oder sonstige Schädigungsfolgen anerkannt (bitte /

Wenn mit „ja" beantwortet: **Was liegt vor? seit wann?** (Bitte Angaben unter 6.8)

6.2 Sind Heilbehandlungen (einschl. Beratungen und Untersuchung

Wenn mit „ja" beantwortet: **Art der Behandlung, wann?** (Bitte Angaben unter 6.8

6.3

a) Bestanden **in den letzten 5 Jahren** Krankheiten, wiederkehrende

b) Haben **in den letzten 10 Jahren** Behandlungen im Krankenhaus, stattgefunden?

(Für versicherte Personen nur, soweit der Vereinigten aus dem Versicherungsverhältnis n

Wenn mit „ja" beantwortet: **Krankheiten, Unfallfolgen, Beschwerden von – bis**

6.4 Erfolgen z. Zt. zahnärztliche Behandlungen – auch Zahnersatz/Kiefe
beabsichtigt? (Nur zu beantworten, wenn Tarife für zahnärztliche E

Wenn mit „ja" beantwortet: **Art der Behandlung und/oder der vorgesehenen M**

6.5 (für Personen über 16 Jahre) Fehlen Zähne – außer Weisheitszähn
beantworten, wenn Tarife für zahnärztliche Behandlung beantragt

Wenn mit „ja" beantwortet: **Anzahl der fehlenden Zähne oben, unten, links, rec**

6.6 Steht eine Niederkunft bevor? ☒ ja ☐ nein

Wenn ja: Person 02 wann? 26.9.89

6.8 Person	**Zu Frage**	Angaben zu den Fragen 6.1 bis 6.5, wenn „ja" angekreuzt
02	6.2	Schwangerschaftsvorsorge
		Für die bestehende Schwanger-
		schaft einschl. Ursachen
		und Folgen besteht kein
		Versicherungsschutz!

Schadenmeldung für Sachschäden

Vers. Art	Versicherung Nummer (bitte stets angeben)	AGT
	[redacted]	

☐ Feuer, Blitzschlag, Explosion	☒ Einbruch-diebstahl, Raub	☐ Leitungs-wasser	☐ Sturm incl. Hagel	☐ Glas-bruch

In welcher Weise wurde der Einbruch ausgeführt?

(Genaue Beschreibung des Herganges)

Als ich die Wohnung von Einbrechern durchwühlt vorfand, habe ich die Polizei deswegen erst nach zwei Stunden verständigt, da ich zuerst glaubte, mein Mann hätte wieder einmal seine Manschettenknöpfe gesucht.

Kurzbrief

Ihr Zeichen/Ihr Schreiben vom 14.1.87

Unser Zeichen/Name (Druckschrift) TD / Dm

Wir benötigen die
Geburtsurkunde des Kn.
Erbitten schnellste Nachlieferung.
[illegible]

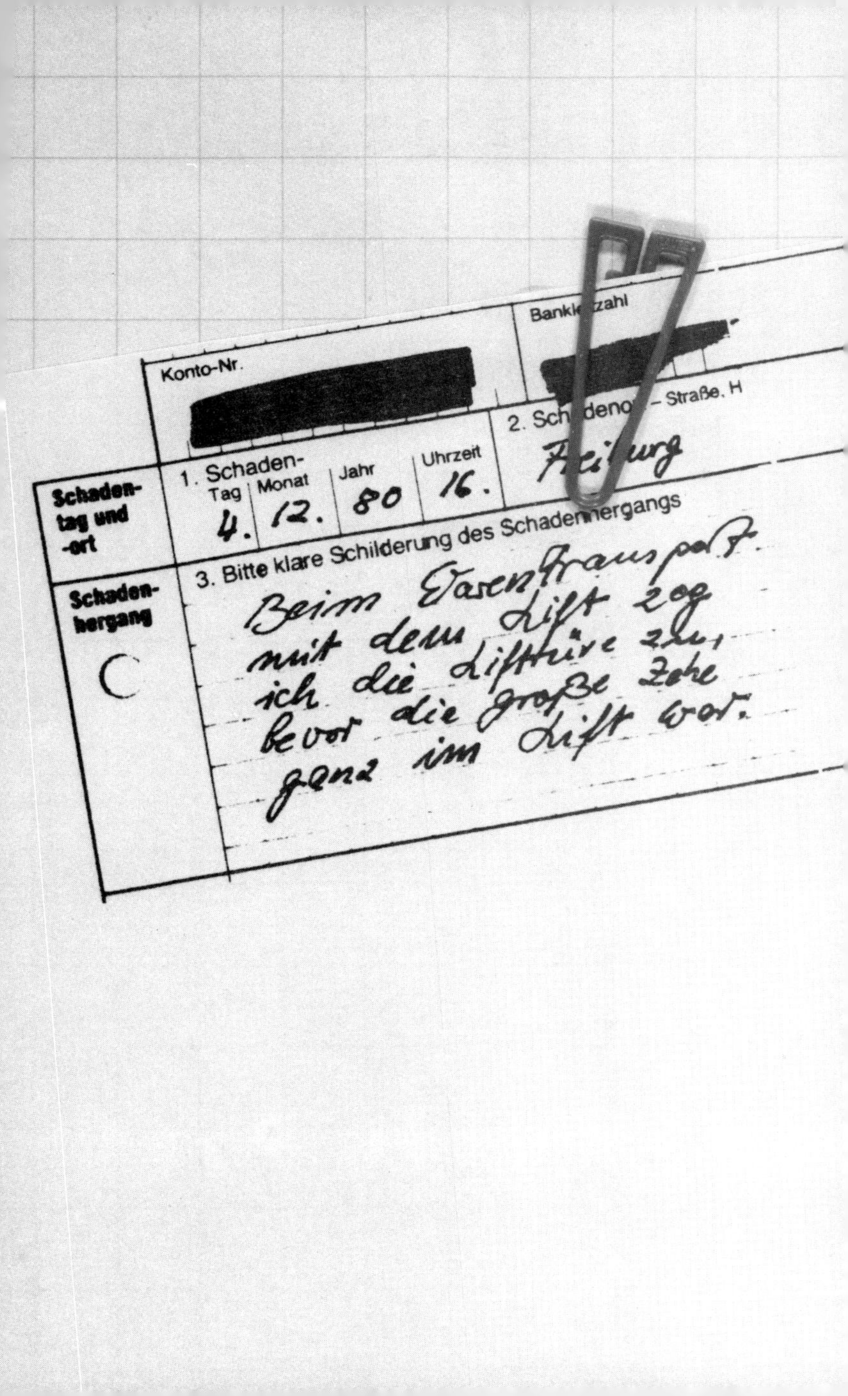
Konto-Nr.
[redacted]
Bankl zahl
[redacted]
2. Sch denor – Straße, H
Schaden-
tag und
-ort
1. Schaden-
Tag
4.
Monat
12.
Jahr
80
Uhrzeit
16.
3. Bitte klare Schilderung des Schaden ergangs
Schaden-
hergang
Beim Vasentransport
mit dem Lift zog
ich die Lifttüre zu,
bevor die große Zehe
ganz im Lift war.

Schadenanzeige

Tierhalter-Haftpflicht

Schadenursache und Hergang

Herr W[redacted] trat aus Versehen auf den Schwanz meines Schäferhundes. Dadurch schnappte er zu, weil er blind ist.

Schadenbüro Dortmund

907 18570 50 360

Josef [redacted]

Ruf-Nr.02[redacted]

An die 1983 IX 28

[redacted]

Lebensversicherungs AG

Postfach 2[redacted]

8000 M Ü N C H E N

Kündigung meiner Lebersversicherung

Gemäß meiner tiefsten Glaubensüberzeugung, daß ich unsterblich bin, wenn ich mich der Erbschuldbelastung enthoben habe, kündige ich hiermit die Lebersversicherung.

RW 5.697,31 z. 1.11.83

Form. 20504 am 30.09.83

Kü/Bfr. T. 808 Sb

Vertrag stornieren

Termin 29. MAI 1989

BD Hannover → München 12/3/11/7

PRIV. DOZ. DR. MED. K[redacted]
CHEFARZT
DES INSTITUTS FÜ[redacted]E
AM STÄDTISCHEN [redacted]HAUS
MÜNCH[redacted]

Duplikat

8000 MÜNCHEN 40
KÖLNER PLATZ 1
TELEFON 30 68 - 6 70

Der Patient hat sich während
der gesamten Behandlung
bis kurz vor seiner Entlassung
auf eigenen Wunsch und gegen
ärztlichen Rat ausgesprochen
vernünftig verhalten. Erst
der delirante Zustand

Leitungswasserschaden

Was ist die Ursache des Schadens?
(Bruch von Zu- oder Ableitungsrohren, offengelassener Hahn, Ve-
fung, Frost, Wasserdampf)

Wie

ist der Schaden entstanden?

Evtl. Skizze beifügen

Ich wollte einen Nagel in die Wand schlagen. Dabei traf ich das Wasserrohr. Da es sich um ein Kupferrohr handelte, spürte ich keinen Widerstand. Nur Wasser!

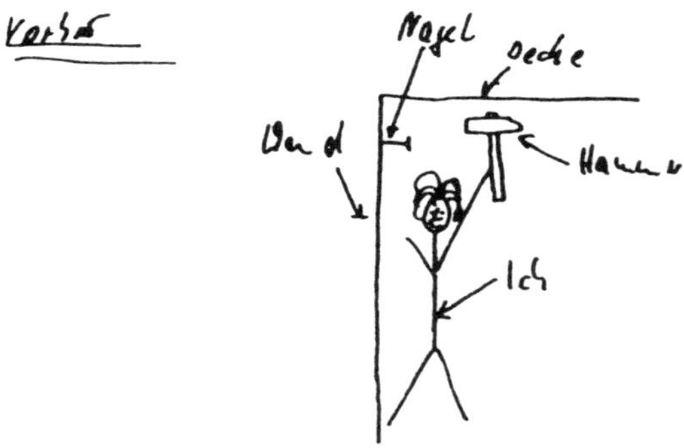

Schadenanzeige

Mitversicherung der gesetzl. Haftpflicht aus Halten von **Hunden** in land- u. forstwirtschaftl. Betrieben . . . . ja ☐ nein ☐

Am 14. d.M. wurde auf meinem Hof ein Kind von meinem Hund gebissen. Der Hund hat sich in ärztliche Behandlung begeben.

Datum 21.08.86

☎ Nebenstelle 325

Vorgelegt 1. SEP. 1986

Schaden-Nr.
(In allen Zuschriften bitte angeben!)

[redacted]

[redacted]

Unfallursache und Unfallhergang
(Diese Frage bitte so ausführlich beantworten, daß sich ein deutliches Bild des Unfalles ergibt. Nötigenfalls ein gesondertes Blatt beilegen.)

Ich stand auf der Stand-
spur, um einen Reifen zu
wechseln. Da kam ein Auto
knapp an mir vorbei und
fuhr über meinen rechten
Fuß. Bis ich merkte, was
geschehen war, war das
Auto schon wieder weg.

WV
4
1
29.08
A
10
9
8
7
6
BL

[redacted]
Sachversicherungs-AG

Stempel der Geschäftsstelle

KH-Schaden Nr. 86 118 90 31452
zu Ihrer Kraftfahrtversicherung

Sehr geehrter Herr [redacted]

den vorbezeichneten Kraftfahrzeug-Haftpflichtschaden haben wir erledigt. Die Entschädigung betrug

DM 0,06.

Der Schaden führt(e) zur Rückstufung Ihres Schadenfreiheitsrabattes.

[redacted]

EINGEGANGEN
28 MAI 1985
BD Trier

81-134-68-84
347
Ln 30
Ks 90010

Unfallschilderung

Objektiver Befund der Verletzungsfolgen:
Zeichen frischer Verletzungsspuren, etc.,
insbesondere auch **Gurtspuren**

Genaue Schilderung der verletzten Körperteile.

Meine Frau wurde an der Kehrseite erheblich verletzt. An dieser Stelle befand sich kein Verkehrszeichen.

(z.B. Sicherungsverbesserungen, betriebliche [redacted]än

☐ 58 sollte nicht fortgesetzt we [redacted] Grü

☐ **Regreß** ist

☐ 59 [redacted]

☐ 61 nicht möglich, weil ____________

☐ 62 **Sonstiges** (gegebenenfalls Beiblatt benutzen):

Auch wenn Sie es nicht glauben, der Unfall entstand dadurch, dass ein Fußgänger bei Rot auf die Straße springt, Hose runter lässt und seinen Hintern zeigt. Ich mußte

Schule, Hochschule
Kindergarten Walschule Pforzheim-Büchenbronn
(Bitte Art der Einrichtung und genaue Anschrift einsetzen; z. B. Volksschule Hamburg, Schloßstraße 1)

Eing.: 9. NOV. 1984
BD KARLSRUHE

Krankenkasse: [redacted] Versicherungs

Zutreffendes bitte ankreuzen: Pflicht- ☐, freiwillig- ☐, familien- ☐, privatversichert ☐

Unfalltag 18.06.84 Unfallzeit 9[15] Unfallort Vorbereitungsraum des Physikzimmers

Der/Die Verletzte nahm meine ärztliche Hilfe aus Anlaß dieses Unfalls erstmalig in Anspruch am 18.0 . 19

..0 Uhr.

Der/Die Verletzte machte bei der ersten Untersuchung über die Entstehung des Leidens folgende Angaben*):

Beim Versuch mit einer Schülerin habe er einen Stomschlag erlitten.

Nordbaden

Abrechnungsstelle

Kündigung der Lebensversicherung

Auf Grund eines Bibelstudiums haben wir erkannt, das dies System nicht mehr so lange bestehen kann, das wir noch in den Genuß einer Lebensversicherung kommen.

2. Petrus 3: 7, 9, 13

Barbara K[redacted]

Kündigung/Abmeldung

Persatz-Nr.	Tarif	Storno-beitrag DM	Storno-per Monat	beantr. Storno-Monat (nachr.)

Bitte Kugelschreiber benutzen und fest aufdrücken!

Schadenanzeige

Welcher Art ist die Verletzung oder Schädigung? Nase wurde vom Hund abgebissen
Wo hat sich der Unfall ereignet? (Ort, Straße, Haus-Nr.) 13 Bln. 19 Kn[redacted] 5
Wann hat sich der Unfall ereignet? (Datum, Uhrzeit) 11.12.[illegible] 1^{30}

Als Haftpflichtversicherer wurden wir davon unterrichtet, daß Sie Schadenersatzansprüche erheben.

Bitte schildern Sie den Vorfall ausführlich. Worin erblicken Sie ein Verschulden unseres Versicherungsnehmers.

Zur Beurteilung des Schadenfalles benötigen wir noch folgende Angaben:

Bitte senden Sie uns die beschädigte Sache auf unsere Kosten zu. Geben Sie dabei die Schadennummer auf dem Paket an.

Mit freundlichen Grüßen
Ihre
[redacted] Versicherung AG

Betr.: Vers.-Nr. [redacted]

Sehr geehrte Damen und Herren!

Hiermit kündige ich die Versicherung meiner Frau. Von Konservierungsbemühungen bitte ich Abstand zu nehmen.

Mit freundlichen Grüßen

Helmut [redacted]

14. FEB.

Schadenanzeige zur Kraftfahrtversicherung

Unfallschilderung
(Bitte schildern Sie den Hergang ausführlich. Verweisen Sie auf das Polizeiprotokoll. Evtl. Skizze beifügen).

Er kam von links, ich von rechts und wollte nach links abbiegen. Ich fuhr weiter, als ich sah, dass er mich gesehen hatte. Unglücklicherweise gab er auch Gas, denn er hadte nicht gesehen, dass ich gesehen hatte, dass er mich gesehen hatte.

Eingegangen 4/5/92

Welche Verletzungen hat der Versicherte erlitten? . . . .

Hat der Unfall Arbeitsunfähigkeit des Versicherten zur Folge ge-
habt? . . . .

Wenn ja, für welchen Zeitraum? . . . .

Hat sich der Unfall bei Benutzung eines Kraftfahrzeuges erei-

4. Sonstiges:

Ich habe noch immer Schmerzen in der Unterlippe und beim Küssen.

Vorgelegt
am: 20. OKT. 1986

Eingegangen 19.1(
Eingegangen

An die
AOK am Ort

Betr.: Hundebiß
Der Hund begann
an mir zu schnüf-
feln. Ohne eine Silbe
zu sagen, biß er mich
in das linke Bein.
Jetzt bin ich bettlägerig.

Hochachtungsvolle
Martina [redacted]

AOK

Eingang im S...	am 17. NOV. 1986	EB	ZU
Gef. zu	am		
Ab zu	am 18.11.86		

1. An welchem Tage und zu welcher Stunde ist das Feuer ausgebrochen?	Heiligabend 1984
2. In welchem Raum ist der Brand entstanden?	Wohnzimmer
3. Welche Ausdehnung hat das Feuer genommen und welche Umstände haben zur Verbreitung des Feuers beigetragen?	Christbaum
4. Welche Maßnahmen sind zur Bekämpfung des Feuers getroffen?	Wasser
5. Durch wen wurde der Brand entdeckt?	Nero (Hund)
6. Welche bekannte oder mutmaßliche Ursache hatte der Brand?	Kerze
7. Ist die Entstehung des Brandes auf das Verschulden eines Dritten zurückzuführen? Wenn ja, Name und Anschrift des Betreffenden.	Ich selbst
8. Wann ist der Polizei Anzeige erstattet? Um welche Dienststelle handelt es sich?	Nein
9. Haben Sie bereits früher Brandschäden erlitten?	Heiligabend 1983